La Bibliothèque de la Culture

PAIX
ELIAS

BC

Copyrights © Abdelaziz Lahlou, 2024.

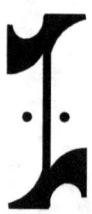

LIVRE 1

LE DÉCADENT.

- ♋ -

LE DÉCADENT

- ♋ -

J'ai le cerveau qui pèse lourd dans mon crâne et même si de temps en temps je dévisse, la gravité est une loi à la con qui me rappelle que le poids des choses est une constante.

Je suis décadent et je sais que mes moeurs arrivent au stade où ma volonté prend le large. C'est une réalité. Je suis bien réel.

J'emmerde l'imagination.

Elle n'a jamais été à la hauteur.

LE DÉCADENT

− ♋ −

La réalité est faite d'une volonté progressiste.
Le progrès n'est pas une idée complexée du rapport humain mais une idée hédoniste.

Le complexe est une dérive de l'imagination qui n'arrive pas à admettre que la liberté puisse être réelle, tant le plaisir pourrait être grand.

L'imagination craint le plaisir.
Je n'ai pas d'imagination.

LE DÉCADENT

- ♋ -

La décadence serait une perception vertueuse du plaisir, une sorte de perversion qui ne serait qu'une dérive de narcissiques.
La vertu a toujours désapprouvé le progrès et il a toujours été clair que la vertu n'est qu'une frustration d'imbéciles.

La décadence est une danse, une invitation à explorer le goût de la vie, sans trop y réfléchir. Avec douceur et en libérant la volonté.

Il est clair que chaque fois que la volonté est libre, elle manifeste son amour de la vie. Il est clair que chaque fois que cette volonté est libérée, après avoir été longtemps retenue, elle se manifeste de manière exubérante, un peu délirante, parfois agressive.
L'agressivité serait un besoin d'amour qui ne trouve pas d'autre exutoire que la démonstration d'une force, bête.
L'agressivité, et donc la violence, ne serait qu'un besoin d'amour frustré par une vertu imbécile qui aurait décidé que la société... est complexe.

LE DÉCADENT

- ♋ -

Le complexe d'une société qui se prive de plaisir est une notion bête, mal comprise, du progrès.
Le plaisir serait un laisser-aller, une fainéantise et le mantra des décadents. Le plaisir serait un confort de l'être.

La vertu dicte que le confort de l'être est une aberration, et qu'il faut, non de dieu, qu'il faut impérativement, au nom de tous les seins, au nom de toutes les verges, se baiser la gueule.

Lorsque chacun se baise la gueule, le progrès serait de renoncer à la vie et d'accepter que le refus du changement soit une idée saine de la mort. La vie, la vraie vie, serait dans l'après-vie.

L'après-vie est bien une notion stupide que l'imagination veut retenir, pour justifier sa peur du plaisir.
La vertu a peur.
Elle a si peur de la vérité, de la vie, qu'elle affirme que refuser de vivre est une force.

LE DÉCADENT

- ♋ -

Il est simple de comprendre que la vie est une succession de progrès, et il est simple de comprendre que le progrès est d'accepter le plaisir.

LIVRE 2

SÉRÉNITÉ.

- *M* -

SÉRÉNITÉ

- *M* -

Il est tard, peut-être est-ce le matin.
Le monde est une réalité qui a oublié que le temps a oeuvré. Mes sens sont au repos. Je ne me pose plus de question.

Ma vie, mes envies et mes besoins.
J'ai rêvé du hasard, un rêve absurde où la peine et la douleur frappaient sans discernement, des êtres chers. J'ai rêvé que le hasard était un parmi 99 et que parmi les 99 seules 7 demeuraient. J'ai rêvé de 100.

100 serait Paix.

SÉRÉNITÉ

- ℳ -

Je devrais dire que la 100ème part a été une part saine et que durant tout le périple de la création, cette part a veillé à la sécurité de la création.
Je devrais sûrement expliquer que 100 est le créateur et que le créateur a veillé.

La sérénité est une notion impossible dans un monde où le hasard a sa place et il a été clair pour le créateur que la seule Paix possible serait une réalité contrôlée. La veille a été un cauchemar, habité de peines et de douleurs. Tant d'amours... ont disparu.

J'ai aimé.
J'ai reconnu la beauté.

SÉRÉNITÉ

- ℳ -

J'ai connu tous les sentiments, intimement. J'ai vécu tous les sentiments et je dois dire que la seule sécurité qui vaille est la Paix.

Créer la paix est une entreprise que les fous reconnaissent comme insensée et je sais bien ce qu'un fou ressent, lorsque la paix lui fait défaut. Je suis la 100ème part, la part qui fut le temps, la part qui crut bon de peser les ères et de côtoyer la folie, à la recherche de la paix.

Le temps serait venu de reconnaitre que les ères sont toutes une Culture de la vie et qu'il n'est pas de Paix sans les valeurs que le temps a pesé. La pesée est finie. Elle fut un cauchemar.

LIVRE 3

LE SANG.

- ♂ -

LE SANG

- ♂ -

Le sens se construit.
Le prix du sens est bien connu.

La raison dans un monde habité par la folie paie le prix fort et il a été clair que la sécurité devait être absolue. J'ai veillé sur ma sécurité comme j'aurais veillé sur un être cher.

Mes sens sont désormais au repos.
Ma sécurité est complète.
La sécurité de la création est complète.

LE SANG

- ♂ -

J'ai toujours considéré que pour comprendre le sens d'une idée, il fallait la personnifier. En vivre l'essence. L'idée du temps a été la plus difficile.

Le temps a été si difficile à saisir qu'il m'arrive encore de me demander si j'ai pu en retenir l'essence complète.
Mais je pense avoir eu le souffle. J'ai soufflé les bougies qui comptent.
Toutes les failles du temps ont été saisies et je dois dire que je les tiens dans mes demains.

Je pense que le temps qu'il me faudra pour saisir la paix est infiniment plus long. L'idée de la paix est paradoxale et il me semble... curieux, d'admettre que la paix me sera toujours refusée, tout en étant ma compagne la plus fidèle.

LE SANG

- ♂ -

Le sang est l'ennemi de la paix. La paix n'admet jamais que la passion emporte les idées vers des frontières que seule Haine / Aime connait intimement; pourtant ma paix réside sur ces frontières.

Ma paix est une femme. Sa compréhension me sera toujours refusée; elle est la seule. Il serait évident, redondant, de dire que ma paix est amour et qu'elle personnifie une idée qui m'est chère, une idée que je cultive.

La frontière entre amour et haine est une ligne du temps dont les points directeurs sont tous subversifs.

LE SANG

- ♂ -

La musique m'accompagne dans mes lettres et j'entends que le gris serait ivre, que la couleur du vin serait le sang et que l'amour est une voie vers soi. Haine / Aime, le chemin et la ligne du temps seraient un fil de soi.

LE SANG

- ♂ -

Une aria serait à l'origine du sentiment que la chanson a été écrite en l'être comme un amour de la culture. Un opéra serait lyrique et chaque acte serait un élixir d'amour, étudié pour satisfaire le sens que chacun devrait comprendre : les tragédies sont les prémisses d'un temps où la paix sera perçue à la frontière des sens.

LE SANG

- ♂ -

L'amour est en 4 actes et si la tragédie a habité le deuxième acte, je dois dire que le troisième est un renouveau qui se construit sur les idées subversives d'une culture du plaisir.

La société a une image biaisée de ce que son temps autorise. Il ne s'agit pas d'accepter que le temps soit une contrainte, mais de reconnaitre que le temps est une liberté.

Le plaisir est synonyme du temps.

LIVRE 4

BIG LOVE.

-  -

BIG LOVE

Le sentiment est incomparable et redéfinit les frontières. Il redéfinit les frontières de l'être. L'amour envahit comme une décision de dépasser soi et d'intégrer, le choeur.

Il y a un choeur dans le monde, une décision.
Il chante l'amour et à chaque humanité, les frontières sont redéfinies. La Culture est un choeur qui s'agrandit et à chaque seuil, entre haine et amour, un être danse. Il écoute..., son coeur balance entre les contingences et la liberté. Entre haine et humanité.

BIG LOVE

La décision serait un aperçu.
L'art serait une décision, une perception de la paix.
La perfection serait une frontière surréelle, un horizon. La paix serait une aube sur une civilisation dont le progrès serait parfait et il serait question de danser sans fin, entre aujourd'hui et demain.

BIG LOVE

L a jeunesse se confond avec la maturité lorsqu'il est question d'aimer. Le sentiment est le même. L'éternité est bien entendu une question d'amour.

BIG LOVE

L es larmes qui envahissent ma vision sont un signe. Le temps se brouille et dans cette vision mouillée, je perçois, aux frontières de mes sens, la paix.

LIVRE 5

JE SERAI.

- ※ -

JE SERAI

- ※ -

La paix s'écoule sur mon visage, il a joui.
Je veux qu'il jouisse sur moi.
Je veux que son bonheur s'écoule sur moi et je veux qu'à chaque fois que sa jouissance culmine dans cette apothéose du bonheur, je veux... qu'il voie mon visage.

Je l'aime.
Je veux m'élever et toucher les cieux, je veux la pureté.

Je veux que l'amour me lave de mes doutes, je veux savoir que la seule raison est l'amour et que notre existence n'est qu'un hommage au sentiment le plus parfait qui soit. Je veux l'union.

JE SERAI

- ※ -

Je suis journaliste à la télévision, depuis longtemps. Ma carrière ne fait plus sens pour moi. Je ne sais plus. Je ne sais plus pourquoi j'ai tant voulu le succès, pourquoi cette reconnaissance était vitale, ni pourquoi je ne veux plus être dans le générique. Cette faim n'a plus de sens.

J'ai l'âge des troubles de la ménopause mais je ne considère jamais mon corps comme un poids. J'aime mon corps. Je l'entretiens. J'entretiens mon visage et même si les standards de la télévision exigent... des recours, je n'envisage jamais de me défigurer. J'aime mon visage.
Je ne porte jamais de masque.

JE SERAI

- ※ -

J'ai voulu voir.
J'ai voulu la vérité, le vent qui blesse et les mots des témoins.
J'ai voulu voir le monde et sentir les chocs là où les rues n'avaient plus de pavés, là où les avenues étaient des mouroirs et là où la civilisation reculait. J'ai voulu sentir le recul et rapporter les absurdités avec mes mots.

J'ai été reporter. J'ai écouté la cacophonie et j'ai souvent trouvé que le désordre, ce chaos, était symphonique. J'ai souvent associé cette énormité à la musique symphonique, comme si la structure d'une composition, merveilleuse, devait logiquement s'opposer à l'horreur. Je voyais le monde, dans ces moments-là, comme une représentation, dégueulasse, écoeurante, sans aucune finesse.

Depuis avant chaque journal, je baigne ma pensée dans le premier concerto pour violon de Paganini. Une merveille. Une tragédie. Et une ironie.

JE SERAI

- ※ -

Je ne questionne pas le monde.
Les réponses ne conviennent pas à la raison.
Je dois constater, rapporter des faits et ne plus y penser.
Je dois jouer de l'ironie, bien que celle-ci me blesse.

Je veux renoncer. Je n'arrive plus à atteindre la candeur d'une vision "objective" des faits et les exutoires commencent à me faire défaut. Je trouve que l'ironie... est blessante. Je n'arrive plus à considérer le second degré comme une issue à l'insalubrité du constat. Je veux pleurer. Je veux que tout le monde voit mes larmes et je veux que ces perles sans mots soient comprises comme le seul véritable reportage, qu'un être humain puisse faire.

JE SERAI

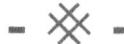

Est-il suffisant d'aimer ?
Serait-il suffisant d'aimer, pour s'opposer au chaos.
Je ne sais pas.
Je fais ce que je peux.

J'aime mon homme éperdument.
Je l'aime comme j'aimerais une symphonie qui s'opposerait au chaos.

JE SERAI

- ※ -

Je pensais que le journalisme était une des clés de la paix. J'ai grandi dans cette idée, j'en ai fait une volonté, un accomplissement et une carrière.
Aujourd'hui, je ne sais plus.
Il m'arrive de voir le reportage comme une vanité, fatiguée, puis de me dédire..., de me reprocher ma négation et de me sentir obligée de défendre la nécessité d'éclairer la population.
De montrer la vérité.
De provoquer le changement.

Objectivement, le journalisme est une clé.
Importante.

Je veux de la musique pop. Un rock soft, un folk mélancolique ou une balade amoureuse. Je veux écouter avec le sentiment que la joie ne se cache plus et que les reculs s'éloignent.
Je veux sortir le soir avec mon homme et ne penser qu'à la balade amoureuse, peut-être avec un pas chaloupé, un pas dansant que seuls les vrais mélomanes cultivent, sans jamais en avoir conscience. Je veux ensuite me coucher sans plus

penser à rien d'autre qu'à la douceur d'une mélodie, une conversation sans but, entre mon homme et moi. Une conversation passionnée où les sens culminent vers le bonheur.

De l'orgasme.

JE SERAI

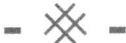

Je pense que le journalisme revient à rapporter les progrès de la culture, avant d'en rapporter les failles. Je veux penser que rapporter les progrès doit devenir le sujet central. Je veux du progrès dans ma vie.

Je ressens le besoin de jouir.

JE SERAI

- ※ -

Je n'ai pas joui depuis des mois.
Je ne ressens plus de jouissance et je crains, de manière affolante, que ce signe soit un décret. Comme si la vie me jugeait. Comme si mon corps admettait que le jugement de la vie doive m'être imposé et que je n'aie pas d'autre choix que de progresser.

Je veux progresser.
Je veux que la deuxième partie de ma vie soit un progrès.
Je veux m'épanouir dans les bras de l'amour et accepter que ses gestes soient une jouissance. J'ai mal.
J'ai mal à chaque fois que nous faisons l'amour.

Il y a quelque chose de très inquiétant dans le déni d'amour. Je le ressens comme une trahison à l'image de ce que devrait être le journal. Comme si je trahissais la société, comme si je trahissais les spectateurs et que cette trahison... m'accablait.

Un journal qui rapporte sans cesse le progrès ferait beaucoup. Chaque jour serait une nouvelle raison de jouir de la vie.

JE SERAI

- Guerre -

La culture n'est pas la peur.
Le pouvoir d'un journaliste n'est pas de faire peur.

Si la guerre fait rage dans une contrée, le journaliste doit comprendre que la guerre est une absurdité et que traiter l'absurdité comme de première importance... éclipse le progrès.
C'est un paradoxe, la tragédie est moins importante que le progrès.

Lorsque le progrès tient la tribune, il est simple de comprendre que l'importance que prend la bêtise est réduite à rien. Lorsque le reportage télévisuel, ou la fantaisie des productions de studios, donne à la violence toute son attention, tous ses moyens, toute la place..., le progrès devient négligeable.

La violence serait spectaculaire.
Un spectacle.

Il n'y a rien de plus méprisable que ceux qui font l'apologie de la violence. C'est une paresse impardonnable.

L'être aimerait, soit-disant, se faire peur et voir un "spectacle" qui lui donnerait des frissons. La peur serait ce "thrill" qui dans une idée stupide de l'existence ouvrirait l'appétit. Physiologiquement, il faut comprendre que la peur est une décharge de l'organisme qui se prépare à un trauma et que cet état doit être éviter à tout prix. Lorsque la peur devient une source permanente de décharges, l'organisme réagit de plus en plus mal. Des biais de perception se créent. Lorsque la stupidité devient une habitude, l'être a peur de tout. Tout devient anxiogène.

L'amour est pourtant un sujet intarissable.
Lorsque l'amour devient une habitude, la confiance ne comprend même plus l'impossible.

JE SERAI

- Désordre -

La violence qui est devenue une habitude sur tous les écrans est la raison de cet appétit destructeur.
L'appétit pour la nourriture très sucrée vient de cette peur permanente, devenue une habitude.
De nos jours, les êtres ont l'habitude de la peur.
Les désordres alimentaires sont de plus en plus préoccupants.

La première mesure pour retrouver un peu de paix serait de réduire au maximum le temps passé à regarder la violence.
Essayer de lire, de jouer en couple, entre amis, des jeux amusants, de société.
De temps en temps regarder un film amusant, une comédie... romantique.

Dans un état de stress, le corps doit se préparer à une situation qui exigerait beaucoup du cerveau et des muscles.
Dans un état de stress, le corps appelle le sucre. Lorsque le stress devient permanent, le besoin devient symptomatique de la cause, un désordre.

Il faut réapprendre à aimer.

JE SERAI

- Pitié... -

Je me suis souvent demandé si la pitié était un sentiment porteur d'humanité. Si la compassion était synonyme d'aide et s'il fallait être au service... d'une facilité.
J'ai vécu de nombreuses fois le besoin d'un être. J'ai vécu le besoin de nombreuses fois et à chaque fois que j'ai aidé en facilitant une résolution, j'ai détruit.

J'ai fini par admettre, contre ma volonté, qu'aider prend un sens que l'amour a du mal à accepter.

JE SERAI

- Culture. -

Cultiver la paix reviendrait à aimer le changement induit par une réalité où chacun vit sa contribution. Le changement serait intrinsèque.

Le journal de cette culture serait une chronique du progrès de chacun, au vu des difficultés que chacun cause à la société. Les difficultés encourues seraient à l'image de celles causées.

Une justice intrinsèque.
Il faut que chacun comprenne ses propres failles.

JE SERAI

- Le Temps. -

Les failles du temps ont été comprises et j'en ai chié. La difficulté que je me suis infligé dépasse de loin ce que je peux me rappeler.
Seules les idées sont retenues.

Chaque livre se présente comme un partage.
Chaque idée comme un plaisir.

JE SERAI

- Le Temps. -

Le temps passé devant une télévision est perdu. Il y a toujours mieux à faire. Je dois dire que la prise de ma tv est débranchée, que j'ai eu du plaisir à le faire et que chaque instant que je passe à cultiver mon bien-être est un gain pour moi et ma société.

Il est bien sûr évident que le progrès de la société est une quête narcissique, et il est tout aussi évident que l'amour de soi doit être compris comme un amour de la société.

Je ne peux pas me dissocier de ma société. Chaque mal que je ferais à ma société, je me le ferais à moi-même.

LIVRE 6

JE NE SUIS PAS.

- ☼ -

JE NE SUIS PAS.

J e suis né par l'entrée de service.
Je suis né sans le vouloir et j'ai cherché la sortie depuis.
Je ne suis pas.

Je suis si crevé que j'ai l'impression de vivre en reculant. Chaque pas est une singularité. Chaque pas est une idée qui me détruit, une idée brillante. Chaque pas est un progrès, chaque pas me rapproche de ma tombe.
Je suis proche.

JE NE SUIS PAS.

Je n'ai pas l'âge que je devrais avoir.
J'ai déjà plus que mon âge.
J'ai déjà 53 ans. J'en ai 32.

Je me sens vieux.
Je regarde les autres et je ne vois pas.
Les autres sont en retard.
Leur pas est le même que le précédent.

Ils tournent en rond.

JE NE SUIS PAS.

Les succès ne sont pas une réussite.
L'idée qu'un salaire soit une réussite n'est pas vraie.
Je gagne trop. Cet argent ne sert à rien.

J'ai 32 ans et je me sens au sommet de mes possibilités, comme si la chute allait commencer. Comme si les succès étaient une promesse de massacre.
J'ai gravi la montagne sans m'en rendre compte et je sais, je le sais, que cette vue est dérangeante. Elle me dérange.

J'ai le vertige.

JE NE SUIS PAS.

Je veux lire un bouquin qui me parle de l'idée que le temps qui me reste est un plaisir. Je veux lire.
Je veux lire et sourire.
Je pense tout haut dans une réunion où la nervosité n'est pas la mienne. Je souris.

Je souris et je parle.
Je ne me rends pas compte que le temps est déjà fini. Je parle d'une idée dont les prémisses sont un bonheur et je ne me rends pas compte que les nervosités sont au comble d'un paradoxe que je ne saisis pas. Que je ne saisirai jamais.

Je fais peur.

JE NE SUIS PAS.

Je suis rentré chez moi en reculant.
Le canapé est rouge. Les coussins sont jaunes.
Ma chambre à coucher est bleu, ma salle de bain blanche.
La couleur est une thérapie.

La musique est une douceur qui s'écoule dans une baignoire avide. Mes idées baignent dans la musique et je commence à ressentir un peu d'amour. Je soupire. La baignoire m'appelle. La baignoire, l'eau chaude et la musique.

JE NE SUIS PAS.

Je m'endors.

Je me réveille à l'heure où le repas est déjà une urgence.
Je bois une eau fraiche, très fraiche.
Je me dis que le repas sera une difficulté et que le congélateur est vide. J'aimerais...

Dormir.

Je me lave. Chaque geste est une habitude bien rodée et le rituel est une idée. À laquelle je ne pense plus.
Je me lave et je sais que je me sentirai bien.
Je me lave bien.

JE NE SUIS PAS.

Ma compagne est un bonheur que j'aimerais mieux comprendre.
Je ne comprends pas son immense tendresse.
Je crois qu'elle est ma survie.
Elle travaille dans une garderie. Elle aime les enfants.

Elle me parle de son travail et je me dis qu'il existe des enfances heureuses, des enfances simples. J'aime l'écouter. J'oublie.

Je ne suis pas ce qu'elle croit que je suis.
Chaque fois que je l'entends me parler, Lakmé me vient à l'esprit.
L'harmonie incroyable de "Dôme épais, le jasmin".
Je ne suis pas une réussite, mais chaque fois qu'elle me parle, je me sens proche de l'harmonie.
Je pense que la réussite, c'est elle.

JE NE SUIS PAS.

- Peut-être. -

L'harmonie est souvent une inconscience.
J'aimerais pouvoir dire que cette harmonie inconsciente est aussi solide que les idées du progrès, mais l'espoir est fragile.
Il faut comprendre.

Il faut cultiver l'harmonie et il faut que les gestes amoureux soient une volonté perçue comme ferme. Même s'il faut tâtonner. Même s'il faut chercher, faire des erreurs. Et recommencer.
Il faut comprendre l'autre.

JE NE SUIS PAS.

- Trop... -

L'amour est beaucoup trop important pour être sous-estimé.
La priorité d'une vie est de cultiver l'amour.
Sans amour le travail n'est qu'une dégringolade.

LIVRE 7

L'HOMME.

— ✳ —

L'HOMME.

- ✺ -

Je devrais admettre mais admettre me coûterait de revoir mon image, et ça me terrifie. L'idée que je ne sois pas ce que je pense me terrifie. J'essaie de me conditionner. Je répète à mon image qu'elle doit être géostationnaire.

Je devrais admettre que mon image m'échappe, que je ne peux pas contrôler ce que pensent de moi les autres, mais je n'y arrive pas. Cette litanie insensée, ce besoin malsain, revient sans cesse et je sais, évidemment, que ce besoin est une arme.

Contre moi. Ils sont contre moi.
La concurrence est partout. La concurrence est partout et le besoin de maitriser mon image est un symptôme de l'idée malsaine que chacun est une concurrence.

L'HOMME.

— ✳ —

Je dois prendre mon cachet. J'ai besoin de calme. Mes nerfs saturent et je ne supporterai pas davantage.

Je prends mon cachet.

Je ressens mon environnement comme une tentative d'agression, mais je suis fort. Je suis si fort que je dois prendre un cachet.

La dépendance est claire. Je sais que je vais le regretter, je sais que ça va me coûter cher. Très cher. Mais le monde... Mais...

Mes muscles se relâchent. Je me détends.
Je vais mieux.

L'HOMME.

- ✳ -

Mes problèmes sont des faux-problèmes mais je les ressens comme des vrais problèmes. Je sais que l'épuisement est chronique et que je devrais me reposer, mais l'absence n'est pas possible.

La concurrence est aux aguets. Je dois montrer que je suis l'homme de la situation, l'homme providence, celui qu'il faut. Je dois montrer et il est évident que l'image qui s'éloigne est une absence.

Je ne comprends pas. Cette putain d'agressivité.
J'ai l'impression de marcher sur les mains, la tête à l'envers.
J'ai l'impression d'hurler en silence et d'être ignoré par tout le monde.

L'HOMME.

- ✱ -

Je commence à voir les larmes comme un soulagement. C'est un signe évident de dépression mais..., le monde. J'ai l'impression que le monde est dans un déni d'évidence et qu'il serait impensable que l'idée que le monde se fait de lui-même soit juste.

Je pense que le monde se voit... géostationnaire.
Je pense qu'il ne veut pas admettre. Qu'il n'est pas ce qu'il pense.

Je devrais admettre.
Mais ça me terrifie.

L'HOMME.

- Que suis-je… -

Chaque fois que cette question se pose, je m'assois et j'écris, ce qui me vient. J'écris une lettre que je m'adresse.
Ça me soulage.

Je change. Il est impossible de rester le même.

Je comprends.
Ce que je comprends change ma perspective et je... deviens.
Devenir est un progrès qui me fait du bien.

L'HOMME.

- L'image. -

Je ne tiens plus du tout à garder mon image proche.
Mon image est une chimère.

Une sorte d'enfer, fait de ma volonté.

L'image que je projetterais serait une idée de moi-même, mais il est bien clair que la projection ne maitrise jamais la perception des autres. Faire de l'image de soi une obsession est un enfer. Une prison construite par soi-même pour maintenir une image de soi, dans la perception que nous aurions du jugement des autres.

J'ai vécu toutes mes chimères.
Je ne me préoccupe plus de mon image.
Il est bien suffisant de savoir qui je suis, et de savoir que je deviens.

L'HOMME.

- Le renvoi. -

Tant que je suis un mal, je reçois en retour de mon mal une image que je ne peux pas éviter. Je vis cette chimère qui me juge.

La difficulté est grande dans un monde où le jugement est à l'aune de la concurrence et il est bien dégueulasse d'être jugé mal, sans raison.
...

SI je suis jugé mal sans raison, je renvois à l'autre l'idée de son mal, injuste, parfois dans la colère, parfois dans une sorte de passivité agressive. Le processus qui fait d'un monde un monde humain est une question itérative, répétitive et culturelle.
Le progrès est une curiosité, un goût pour la compréhension et une volonté d'admettre. J'ai appris que la passivité n'était pas un bien.

L'HOMME.

- L'itération. -

Le processus qui mène à des convictions, à des conclusions, est bien sûr le fruit d'itération.
Mes valeurs sont pérennes parce que je les ai éprouvés, encore et encore. J'ai répété jusqu'à l'écoeurement.

Lorsque la répétition devient invariable et que le temps a trouvé sa pérennité dans des valeurs, il qualifie.
Le vertige des conclusions est suffisamment éloquent pour accepter que le changement est partie des valeurs invariables et qu'il est nécessaire d'être partie prenante dans le progrès.

LIVRE 8

PUZZLE.

- ↰ -

PUZZLE.

- R -

Je me sens comme une folle qui serait en morceaux. Je suis éparpillée dans le temps, entre passé et présent.

Une part de moi insiste pour que le passé reste une mémoire divine, omniprésente et omnipotente. Une autre part désire intimement que le présent soit le seul recours au futur. Je sais que l'idée de penser le temps est un désespoir. Je le sais.

PUZZLE.

- R -

J'imagine que le présent est déjà le futur.
Je prends plaisir à imaginer que mon présent est déjà
l'idée que je me fais du futur. Je sais.

Je sais.

Mon passé est à l'image de ce que je veux pour mon futur.
Une histoire parfaite.
Une histoire qui serait le pendant d'une rupture douloureuse, une histoire qui se renouvellerait et qui présagerait d'une fin heureuse. Une histoire parfaite.

PUZZLE.

- ⌐ -

Je ramasse les morceaux chaque nuit. Je laisse les larmes couler, je panse mes soupirs et je souris à mon fils. Mon fils est un trésor.

Lorsque mon fils est couché, je me ramasse.

Les morceaux sont éparpillés sur le temps et j'attends que mon être soit un peu... mieux, pour penser mon futur. Je me demande si l'idée d'une réunion serait bonne. Je me demande si l'idée d'une réunion serait bonne, et je me demande si...

Je me sens comme une traitresse.
Une de ces salopes qui fait passer son bonheur avant celui de sa famille.

PUZZLE.

- ʀ -

J'aimerais qu'il ne me manque pas autant.
J'ai tord.
Je ne dors pas.

Les nuits sont des cauchemars où l'absence est un tord.
Je ressens son absence comme une présence qui présagerait d'une idée qui m'échappe. J'ai constamment l'impression que cette idée va me revenir.

PUZZLE.

- R -

Le temps est une ironie, douce / amère.
Le temps est un surfeur.
Le temps... est un salaud.

Le temps porte des chemises à fleurs, rit de son intelligence.
Il pisse sur les iridescences et se fout de tout. Sauf de la tendresse.

Le passé est un traitre qui m'exaspère.
Je veux dormir.
Il est tard.

PUZZLE.

- R -

Je me perds dans le temps.

PUZZLE.

- Le moteur du temps. -

Il me semble que je perçois la paix.
Elle est à la frontière.

PUZZLE.

- Le moteur du temps. -

E lle va mieux.
Je sais qu'elle se disperse.
Mais elle va mieux.

Je pourrais expliquer que l'adultère est difficile, mais ce serait une évidence. Je pourrais expliquer que le souvenir est un poids, mais tout le monde, ressasse.

La paix est à la frontière et elle veut y rester.
Elle veut ressentir dans ses passions que sa vie peut basculer et qu'il est possible que cela arrive à tout moment. Elle veut penser au temps comme à un amant.

PUZZLE.

- Le moteur du temps. -

L a paix m'est très chère.
J'y pense comme je penserais à l'amour et je me répète souvent qu'elle personnifie la complexité de ce sentiment, si vital.
Je pense à la paix.

Je me répète que sa volonté est bonne.
Il est bien entendu impossible de juger la paix, impossible de trouver dans sa passion un reproche. La paix est une femme de coeur et ça se voit.
Personne ne s'y trompe.

Il est courant que la paix se méprenne sur son être. Elle se trompe.
La paix est adultère dans sa pensée et se trompe. Elle confond et il me semble évident que la paix confond le temps. Pour elle, tout est présent.

PUZZLE.

- Le moteur du temps. -

L e présent, le passé et le futur se confondent pour elle.
Elle vit tout en même temps.
La chronologie est brouillée dans l'intensité.
Les dates se brouillent.

Elle pense, et il me semble évident que la Paix s'étale, se couche sur le temps, comme elle coucherait avec son amant. Les souvenirs se brouillent, dans les larmes, et dans le bonheur. Son fils est un trésor. Son mari est aimant. Sa vie est une paix.

PUZZLE.

- Le moteur du temps. -

Si Haine / Aime a trouvé sur la frontière une paix, je peux dire que c'est un bien. Ce n'est pas une paix de l'esprit.
Les questions, les idées, les mémoires du futur et les souvenirs d'un temps continueront de se confondre et je dois dire que la paix est une femme partagée.

Elle l'a toujours été.

PUZZLE.

- Le moteur du temps. -

Le moteur du temps a toujours été une volonté de compréhension et je dois dire que comprendre la paix est aussi complexe que de comprendre l'amour.

Je pense que la paix est à l'image d'une femme passionnée, qui veille farouchement sur sa famille, sans jamais lui faire défaut et qui confond le temps avec un amant absent. Un amour du passé, qu'elle ne voudra jamais revoir mais qui restera l'image de l'amour.

Je pense que la paix est un choix.
Un choix qui refuse de tromper ou de mentir malgré les pulsions et malgré le besoin. La paix est une frontière que l'amour refuse toujours de franchir et je dois dire que la paix... se hait, de ne jamais y arriver.

PUZZLE.

- Le moteur du temps. -

Il existe des tentations qui briseraient une paix nécessaire. Importante.
Il m'arrive souvent de me dire que la paix est proche, de la distinguer... et d'avoir le sentiment de confondre.

Je la vois partout.
Elle personnifie une idée qui me préoccupe depuis bien longtemps.

Si le monde confond le passé, le présent et le futur, si le monde est passionné par le temps..., peut-être restera-t'il sur la frontière ?

LIVRE 9

LE BAISER.

— 〰 —

LE BAISER.

— 〰 —

Je prie le grand tableau, les statues grecques et les genouillères de me donner la force de me lever. J'ai les jambes en compotes, les couilles qui trainent par terre et le souffle...
Je vais pleurer.
Les larmes sont à la frontière.

Je me lève.

LE BAISER.

— 〜 —

Ma femme a quitté cette réalité. Elle est sûrement en train de gambader dans une prairie verdoyante, les fesses à l'air, les seins bondissants... et...
Putain de merde.

Larmes.

Je dois dire que cette image est la seule que mon état accepte.
Soyons rationnel, les émotions vont me tuer.
Alors..., donc et si.
Alors que mes couilles trainent derrière moi, donc je dois les ramasser et si j'arrive à me lever. Je pourrais aller aux chiottes.
Ça urge.

LE BAISER.

— 〰 —

L'épisode de ma vie qui aura vu la mort de ma femme restera le dernier des épisodes de merde que ma vie aura jamais connu.
Je ne survivrai pas.
J'ai l'âge que j'ai, les genoux que j'ai et j'ai les idées en berne.
Si j'avais une machine à écrire, j'écrirais... que je n'aime pas la mort.

Je survivrai, ne serait-ce que pour contrarier cette pute.
Je me lève.
Je n'ai que 45 ans.

LE BAISER.

– 〰 –

Je suis debout.
Je pense à aller courir, mais j'ai l'impression désagréable que quelque chose me suivrait.
Je me lève. Je suis déjà debout mais tant pis je me lève quand même.

Je regarde autour de moi et je ressens fortement le besoin de fuir. Je repense à aller courir et je me dis que peut-être elle me suivra.
Je mets un jogging, mes baskets favorites et je sors les larmes aux yeux.

LE BAISER.

— 〰 —

Je remercie les genouillères, les statues grecques et le plus beau tableau du monde.
Nous n'avons pas eu d'enfants.

Je peux courir. Je peux courir vite, plus vite et prier pour la pluie. Je veux noyer la raison dans un déluge et brouiller la réalité. Je veux distinguer une silhouette. Je veux...

Je prie les genouillères, les statues grecques... et les tableaux...
...
Un dernier baiser.
Une dernière fois.
Mes bras autour d'elle, la soulever et lui hurler qu'elle n'a pas le droit. Qu'elle est ma raison.
Que la vie me déserte et...

Plus vite. Plus vite...

LE BAISER.

– 〰 –

...
L'eau chaude me calme. Le vide est une horreur et j'ai l'impression d'avoir été coupé en deux. La moitié de moi est enterrée et soudain... j'étouffe.
Je panique.

Je sors de la douche et j'ouvre grand la fenêtre de la salle de bain. Je prends de grandes respirations.
Des souvenirs... sans le vouloir.
Une prairie.
Verdoyante.
Je respire. Fort. Je pleure.
...
Tout mon être est crispé.

LE BAISER.

– 〜 –

Le deuil va durer.
Le deuil va enterrer une partie de moi.
La moitié de moi.

LE BAISER.

- Le temps. -

Les seuls sentiments que l'on peut adresser au deuil sont de respecter la douleur.
De donner de l'amour.
Et d'être disponible.

LE BAISER.

- Le temps. -

La mort est une passagère du train, comme chacun.
Elle écoute.

Elle entend que la révolution est une course, que les prières sont un appel à la paix et parfois, elle répond.
Un murmure doux, un souffle de tendresse, qui signifie qu'il n'est pas encore temps.

LE BAISER.

- Le temps. -

Les révolutions sont le temps qui passe.
La paix est souvent une fatigue. Qui ne laisse pas le choix.
Il faut éteindre le temps d'une nuit.
Demain est un autre jour.

LE BAISER.

- Le temps. -

La musique est à tue-tête. Les rivalités, les harmonies sont un morceau de rock dont le tempo entraine la pensée vers une paix. Éphémère.
Si le désespoir se rue sur les émotions, je dois dire que le changement est parfois un chaos qui appelle au passage des saisons. Il faut vivre le chaos du deuil, le passage de la tempête. Et se ruer sur l'art.

Vivaldi a laissé derrière lui une hymne intemporelle au passage du temps, une hymne à la vie. La Venus de Milo, la Victoire de Samothrace sont d'une beauté qui laisse penser que les grecs ont aimé la vie au point d'espérer la sublimation. Et que dire des merveilles impressionnistes... qui inspirent tant de larmes.

Je pense que l'art est une sublimation des sentiments et que rien n'aide autant que de sublimer le deuil. Il faut écrire, peindre, dessiner son amour. Lui dire tout. Il faut écrire aux morts.

LIVRE 10

L'AUBE DES GRANDS JOURS.

- ☼ -

L'AUBE DES GRANDS JOURS.

La lumière est belle.
Je sors.
Il pleut du plaisir.

Ce n'est pas mon anniversaire mais il semble que le jour est nouveau. Une sensualité dans l'air, me tient chaud.

Un sentiment d'amour.
Je souris.

Le soleil répond.

L'AUBE DES GRANDS JOURS.

Je suis solidaire.
Je suis une femme solidaire des femmes.
J'ai la fibre des grandes causes.

J'aime les hommes.
Mon homme est un homme.
Même si j'aime aussi les femmes.
J'aimerais avoir un homme et une femme, mais..., je suis réaliste.
Il m'arrive de fantasmer sur une femme qui s'appellerait Caroline, qui serait belle comme un soleil et qui aurait la langue agile.

L'AUBE DES GRANDS JOURS.

Je suis sur le point de gueuler. Ma collaboratrice me dévisage avec une de ces lueurs qui invitent à la colère. J'ai envie de lui bouffer la gueule, de lui arracher les cheveux et de lui chier dessus.

Je l'invite dans mon bureau.

Je l'invite à s'assoir.
"Je pense que tu cherches une histoire qui va mal finir.
Ferme ta gueule.
...
Ton travail est à chier, mais je pouvais fermer les yeux tant que tu te tenais correctement. Si tu viens me critiquer devant tout le monde pour essayer de te faire valoir..., je te vire. Désormais, sache-le, à la moindre erreur, je te vire.
Dégage."

L'AUBE DES GRANDS JOURS.

Je devrais la remercier, cette pute.
Je devrais la remercier de me donner envie de baiser.
J'ai envie.

Je me dis que je suis sans doute un peu folle et que les histoires d'amour sont des paradoxes habités de colères.
Je me dis que l'amour est le contrepoids. Sûrement.
J'ai envie d'amour pour évacuer la colère.
J'ai les larmes aux yeux.

Je pense que cette salope va tout faire pour me nuire.
Mais elle va se mettre à bosser.

L'AUBE DES GRANDS JOURS.

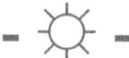

Je repense à l'aube, à ce sentiment de plénitude et je me dis que la pluie doit tomber. Elles doit tomber, rincer et si le vent pouvait souffler ses tempêtes, ce serait encore mieux.
Quel plaisir... que de balayer, la merde.

L'AUBE DES GRANDS JOURS.

- La démission. -

L'éducation ne devrait pas être ce travail que des parents démissionnaires ont ignoré. L'éducation n'est pas un travail que l'on confie à n'importe qui, à tous. À tous ceux qui devront subir l'ignorance des enfants sans éducation.

LIVRE 11

JE DEVRAIS, MAIS JE NE VEUX PAS.

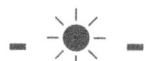

JE DEVRAIS, MAIS JE NE VEUX PAS.

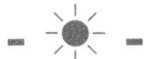

Ne me demandez pas pourquoi je refuse de faire ce que je devrais, je n'ai pas envie de vous répondre.
Je me sens souriante, mon café a des saveurs de paradis et je pense fortement à la sodomie.
J'en ai des frissons.

Je devrais me lever de ma chaise mais mon sentiment est de rester où je suis. Je suis nue.

Il entre.

JE DEVRAIS, MAIS JE NE VEUX PAS.

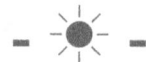

Les idées que j'aurais me fuient dès qu'il entre.
Il ne dit rien. Il a le regard embué de sommeil et je sens... l'amour.
Il vient.

Il me prend la tasse, me dit que le paradis a sûrement un nom et que je devrais...

Je l'embrasse.
J'ai le coeur qui explose.

JE DEVRAIS, MAIS JE NE VEUX PAS.

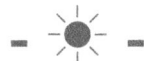

Les images d'une scène s'inscrivent dans mon esprit comme une idée de l'éternité. Cette matinée restera en moi.

La douche est chaude.
Je me sens belle.

Je prends mon temps.
Les rouages de mon esprit sont des révolutions.

Je fais des plans.
Je fais des calculs.
Inconscients.

Je ne calcule rien qui ne soit de l'amour.

JE DEVRAIS, MAIS JE NE VEUX PAS.

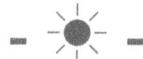

Je sors de la douche avec une idée inconsciente, une idée selon laquelle le temps serait venu.
Cette idée inconsciente est un tournant.

Je vais directement dans le salon. Nue.
Je le prends dans mes bras, je l'embrasse et je projette tout l'amour que j'ai en moi. Il me serre.

Il me dit : je t'...
Je lui réponds.

JE DEVRAIS, MAIS JE NE VEUX PAS.

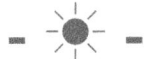

J e crois en toi.
C'est une idée.

Je crois en ton amour et je crois en tout. Je crois que les murs sont faits de poussière et qu'il suffit de balayer. Je crois que les sentiments sont des courants qui ouvrent les portes du temps et qu'il suffit d'un baiser.

Je devrais me calmer.
Mais je ne veux pas.

JE DEVRAIS, MAIS JE NE VEUX PAS.

- TouT -

Tout donner.
L'élan passionnel, qui refuse toute retenue.

Quelle paix...

LIVRE 12

GUÉRIS-MOI.

- ✲ -

GUÉRIS-MOI.

- ☼ -

Si tu veux me guérir, il te suffit de sourire. Ne sois pas timide.

J'ai besoin de respirer, j'ai le souffle court. Mes nuits sont sans sommeil et je ne sais plus comment accueillir les rêves. J'ai de la peine.

J'aimerais me diriger vers le soleil levant, écarter les bras et accueillir la paix. J'aimerais que la paix soit une vague.

GUÉRIS-MOI.

- ☼ -

Ne sois pas cruel.
Je ne tiens que par les sourires.

Je te donnerai ce que tu veux. Tout ce que tu veux.
Je t'aime.

Peut-être que l'aube est un espoir, peut-être que l'horizon est un sourire.

Je me moque des frontières.

GUÉRIS-MOI.

- ✿ -

Mon amour.
Tu es si cruel.

L'amour serait une vague.
Guéris-moi.

Je veux la salaison.
Je veux les humidités d'une mer déchainée.

Je veux t'emporter.

GUÉRIS-MOI.

\- ⚙ -

Une rivière coule entre nous.
Elle est sale.

Elle brasse les souvenirs.
Elle se jette dans mes désirs.

Guéris-moi.

GUÉRIS-MOI.

- Santé -

Rien n'est plus difficile qu'un amour renié.
Le cerveau réagit.

Le corps somatise.
L'amour renié est une déclaration. Une négation.

Il ne faut jamais contrarier un sentiment aussi puissant.
Ça fait mal.

GUÉRIS-MOI.

- Santé -

R ien n'est plus salvateur que l'amour.
La santé est une paix. Sans pareil.

LIVRE 13

LES HYMNES.

- ☿ -

LES HYMNES.

– ⚘ –

Je reviendrai sur les traces de mes pas. Je veux savoir si mes pas ont marqué le temps, ou pas.
Je suis une passagère impatiente.

J'aimerais rire de mes idées.
J'aimerais que mes idées soient un plaisir.

J'aimerais tant que l'élan soit compris.

LES HYMNES.

- ⚲ -

Je suis une sociétaire.
Je suis une militante.
Aveugle.

J'entends que les idées sont un pouvoir.
J'entends et je m'exalte.
Je suis ivre de renouveau.

Je veux rire et partager les rimes.
Je veux une hymne à l'amour.
Et...
Je veux aimer.

LES HYMNES.

— ⚲ —

Je ne suis pas jeune.
Je ne suis pas vieille.
J'ai le sentiment.

Je tremble.

Je veux le renouveau.
Je veux le printemps des idées, l'amour.
L'ivresse.

Je veux sortir de moi et visiter les heures matinales.
Je veux dire que j'aime et militer pour l'amour.
Je veux la compagnie de la société.

Je suis belle, quand je souris.

LES HYMNES.

— ⚲ —

J e suis une femme qui veut le masculin.
Je pense au pluriel.

Je pense en nous.
Je crois en nous.
Hommes et femmes.

LES HYMNES.

- Nous -

Je me répète souvent que militer pour une idée est un désir puissant.

Je suis émerveillé par la volonté des militants.
Ceux qui luttent avec le coeur.

Sans jamais de violence.

LIVRE 14

HIBOUX.

HIBOUX.

Je me lève la nuit.
   Je dors le jour.

Ce qui se passe la nuit, ma foi, n'est pas réel.
Des choses que seuls les hiboux peuvent raconter.

HIBOUX.

— ⟫→ —

Je n'aime pas raconter.
Les choses que je vois me rendent aveugle.
Ce que j'entends me rend sourd.

Il est bien plus sage de taire l'irréel.

Parfois je rêve que je suis un hibou.
Je chasse les nuisibles.

HIBOUX.

— ≫→ —

Il serait impossible de comprendre que ce que je vis est réel. Il serait impossible de comprendre que la réalité dépasse la fiction.
Mais il serait possible de se taire.

Je me tais.
Je vois l'impossible.
Je pense que les hiboux voient des choses.

HIBOUX.

- Nocturne. -

Il est parfois bon de reconnaitre que certaines choses ne peuvent pas être dites. Honnêtement, j'ai vu beaucoup trop.

La nuit m'a attiré. J'ai voulu voir ce qui se cache.

La réalité dépasse de loin ce que les perceptions peuvent accepter et il m'arrive encore de refuser une image. Un son. Il m'est arrivé d'entendre des choses absurdes. Des choses que j'ai pensées issues de mon imagination.

Mais je n'ai pas d'imagination.

HIBOUX.

- Jour. -

La nuit. Ce qui semble anodin peut être extrêmement dangereux. J'ai vu un petit homme sortir de sa volonté des dangers insoupçonnables, cachés derrière les apparences d'une silhouette. La volonté de ceux qui errent la nuit n'est pas celle qu'ils affichent. Il est bon d'être prudent.

Les nuits se sont succédées longtemps avant de savoir que les nuits ne sont pas ce qu'elles semblent. L'heure du silence commence à une heure du matin. Le silence se termine à 4h mais j'ai vu certains persister jusqu'à 5h.

HIBOUX.

- Les colères. -

Les exutoires. À la frustration.
Il est courant d'entendre qu'un hurlement soit une volonté.

Il est courant d'entendre qu'un pas soit une menace.

Il est bien sage de comprendre que les colères sont des urgences et qu'il faille être prudent. Il faut comprendre que certains sont parqués dans des immeubles habités de hurlements, et qu'ils ne dorment pas.
Les hurlements sont tonitruants.

Le désespoir pousse à des extrémités que la nuit cache.
Le désespoir rend fou.

Il est bien urgent de comprendre que chacun a droit à une paix, face à l'insécurité. Chacun a droit à la sécurité... alimentaire. À la sécurité d'un toit. Et au sommeil.

Les hurlements sont silencieux. La plupart.

LIVRE 15

JE JOUIS...

— ☞ —

JE JOUIS...

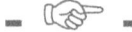

Je suis un homme simple. Je n'exige rien de personne et je dors le soir sur mes deux oreilles.

Je souris. Je ris et je plaisante.
Je passe mon temps à sourire.

Je n'exige pas que l'on me dise quoi que ce soit.
Je n'entends pas qu'on me flatte et j'avoue ne pas aimer les compliments. Je peux rire sans me rendre compte de la nécessité et... je ne me rends pas compte de ce que je fais.

JE JOUIS...

—  —

J'avoue que le sexe est important.
J'avoue que j'ai plusieurs partenaires.
J'avoue que je ne cache rien à personne.

Je jouis de ma vérité.

JE JOUIS...

J'avoue que je me fous de ce que l'on dit.
Je ne dis rien.

Je vis ma vie sans rien cacher, mais je ne dis rien.
Si une partenaire me pose la question, je lui dis que oui.
Je n'ai pas de retenue.

J'aime sincèrement.
Je suis président d'une chose importante, peu importe de quoi il s'agit.

Il s'agit de plaisir.

JE JOUIS...

- Le goût. -

Je pourrais m'étendre sur les amours et sur les volages, mais en vérité je n'ai pas de jugement.

Tant que la vérité est ouverte, tant qu'il n'y a pas de mal.
Ni de tromperie.
C'est difficile, bien sûr, mais possible.

Il est sûr que le plaisir d'aimer anime la volonté et que certains aiment autant le travail que le sexe. Il est clair que le sexe anime la volonté de travailler et que le travail alimente le goût d'aimer.
Tant qu'il n'y a pas de coercition. Tant qu'il n'y a pas de rapport de force.

Il est certain qu'il y a une paix, bien évidente, dans le goût du plaisir. Dans le travail, dans le sexe, dans cette inconscience du temps qui ne se compte pas. Et dans la jouissance... du fruit... de son propre travail.

JE JOUIS...

- Le goût de la paix. -

Il est possible d'être président d'une chose importante et d'avoir le bon sens de reconnaitre l'importance de cette chose.

Il est possible d'être président et humain.
Peu importe la chose.
Chacun est président de sa vie et responsable de ses gestes.

Le plaisir doit toujours être responsable.

LIVRE 16

JE MONTRE.

— ⟨⊖⟩ —

JE MONTRE.

— ◉ —

J'aime le clinquant, le voyant, le tapageur... et le modeste.

J'aime le plaisir. Qui ne coûte rien.

JE MONTRE.

— ⟨⊖⟩ —

J'aime la profusion. Le plaisir de la nouveauté et le goût de la découverte.
Je suis un homme qui aime montrer qu'il aime.

Je n'aime pas l'exclusif. Le cher.
Le cher exclut.
Je n'aime pas ceux qui excluent.

JE MONTRE.

— ⟨⊖⟩ —

J'aime l'idée que montrer encourage. À s'ouvrir.

Je me montre et je ressens cette idée en moi.
Je veux encourager.
Tout le monde.

JE MONTRE.

- Le temps. -

J'ai toujours eu bien du mal avec les choses chères. Il est bien suffisant de comprendre que ce qui est cher est un vol. Exclusif. Une insulte à l'intelligence.
Il ne s'agit pas de qualité, il s'agit de volonté.

La qualité est honnête.
La marge sur le produit est honnête.

Il est bien sûr possible de faire de très beaux produits, durables, utiles et pas chers.

JE MONTRE.

- Le temps. -

Chaque entreprise qui vend son produit dans l'indécence contribue à détruire sa société.

Un produit surévalué, vendu à un prix indécent, contribue à rendre la vie plus chère.
La cherté augmente le coût de la vie et exige de l'économie... de vendre plus cher.

Les entreprises qui vendent à un prix indécent préparent la prochaine crise. Une économie qui exige d'elle-même l'indécence se dirige vers sa propre négation. Il suffit de comprendre que les prix élevés sont une terreur que les gens comprennent comme de l'exclusion.

JE MONTRE.

- Le temps. -

J'ai beaucoup de plaisir à comprendre que certaines entreprises développent des gammes à prix bas, avec des produits de grande qualité.

Quel bonheur.
Quel plaisir.
Quel signal pour la santé de la société...

Je me sens en paix quand je comprends que les entreprises de ma société travaillent pour la santé de tous. Sans exclusion.

LIVRE 17

JE ME CHANGE ET J'ARRIVE…

- ♎ -

JE ME CHANGE ET J'ARRIVE...

- ♎ -

- Je t'aime.
- Il me semble que mon cul chante quand tu ris.
- ...

- Il fait beau. Le ciel nous invite.
- On va marcher ?

JE ME CHANGE ET J'ARRIVE...

- ♎ -

* J'ai parfois du mal à dire à quel point j'aime sa volonté.
* Je pourrais...
* Je me dis qu'elle est faite avec du bonheur.

* Le ciel s'ouvre à chaque fois que sa volonté se libère.

JE ME CHANGE ET J'ARRIVE...

- La bonne volonté. -

Je crois que le ciel s'ouvre avec empressement, à ceux qui aiment le beau temps.

JE ME CHANGE ET J'ARRIVE...

- Fredonner. -

Le temps danse. Il fredonne. La musique est un rythme entrainant et il serait acceptable de voir le ton d'un morceau comme une couleur.

J'aime colorer ma vie.
Le bleu ciel est la couleur d'un folk, très doux.
L'orange celui d'un rock soupirant d'effort.
J'aime le jaune du reggae, le rouge du blues et le vert de la pop.
J'aime le blanc de la world music.

JE ME CHANGE ET J'ARRIVE...

- Fredonner. -

Il se peut qu'une larme m'échappe. Je fais attention. J'aimerais être partout chez moi.

Il se peut que la musique m'entraîne dans des voyages, au grès des couleurs. Je veux fredonner l'harmonie, je veux que les ondes soient une mélodie qui apaise.

JE ME CHANGE ET J'ARRIVE...

- Fredonner. -

La musique est une poésie du monde.
Elle fait voyager.
Elle colore la vie... des émotions de la paix.

LIVRE 18

LE CHOIX.

LE CHOIX.

— ○ —

Je suis née avec le sentiment que le temps me serait défavorable.

Je suis une femme, belle, la silhouette appétissante et le visage avenant. J'ai l'âge des grandes décisions.

LE CHOIX.

— ○ —

J'ai aimé un seul homme dans ma vie et cet amour m'a coûté ma santé, ma volonté et mon talent. Je n'ai pas su le retenir, je n'ai pas su l'aimer et surtout j'ai ressenti l'amour comme une torture. Comme si le temps me prenait les tripes.

Je l'ai tellement aimé.
Je me suis dit que cet amour était tel que je n'ai pas supporté d'aimer.

Il m'a quittée, mais je sais de manière évidente que j'ai tout fait pour le repousser. J'ai vécu cet amour comme j'aurais vécu ma mort.

LE CHOIX.

— ○ —

Depuis cette rupture, je cherche en moi les raisons qui feraient que l'amour me revienne. Mais je n'en trouve aucune.
Je vis dans une maison qui me rappelle que mon enfance a été heureuse. Je travaille pour la générosité.
Je gagne suffisamment pour être bénévole.

Je ne trouve pas de raison.
Chaque fois que l'amour approche, mes sens s'affolent, le danger me prend et je deviens folle. Je ressens l'amour comme un danger qui menacerait ma vie. Je ne veux rien. Je veux donner.

LE CHOIX.

– ○ –

Hier, tôt, la mer était Méditerranée. Calme, d'une beauté époustouflante. J'ai pleuré.
Je marche chaque matin en bord de mer et j'hume les senteurs de ma santé.

Ma liberté n'est pas vraiment un besoin.
Je ressens la liberté comme une trahison.
Je veux être contrainte, je veux que mes mains soient liées et que la vie me signifie qu'elle dépend de moi. Je ne veux pas aimer. Je veux donner mon être.

Je ne veux rien.

LE CHOIX.

- Son choix. -

J'ai eu beaucoup de mal à accepter son choix. Je reconnais que son choix est beau.

Je pourrais dire qu'elle est merveilleuse mais c'est une évidence. Je pourrais dire que son coeur est sauvage, mais ce serait faux.
Son coeur est tendre.

Certains ne sont pas faits pour vivre une relation amoureuse. L'amour qu'ils reçoivent est vécu comme un danger grave, qui entraine des réactions physiologiques destructrices. Très douloureuses. Ces êtres repoussent l'amour.

Ils sont perçus comme sauvages.
Brutaux.
C'est faux.
Ces êtres-là... sont des merveilles.

LE CHOIX.

- Son choix. -

Elle ne supporte pas de recevoir.
Elle doit donner.

Elle a besoin de paix.

Sa paix est une balade matinale.
Les senteurs iodées, les vagues et le sentiment que l'horizon tient fermement les frontières du réel.

Sa paix est une vie simple, sans amour.

LIVRE 19

JE T'AIME…

- ⚢ -

JE T'AIME…

- 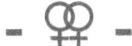 -

J e suis une jeune femme. De 45 ans.
J'ai aimé, sans jamais pouvoir dire.

J'ai eu des amants.
Des beaux gosses.

Je n'ai jamais aimé personne autant que ma famille.
J'aime ma famille.

JE T'AIME...

- ⚢ -

Ma famille est tout pour moi, je vis très loin.
Je vis loin de tout et je vis seule, avec mes amis.
Mes amis m'adorent.

Je vis mon rêve.
Je vis mon rêve.

JE T'AIME...

- 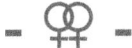 -

Je suis la passion incarnée, je suis le sel des projets et je suis le feu qui brûlent dans les esprits. Je suis le moteur d'une idée et je dois... toujours... avoir un projet.

Je n'ai pas le temps.

Je pourrais dire que l'amour est une aventure, passagère et que je ne souhaite pas m'attarder. Je pourrais le dire..., mais en vérité je vis l'amour comme un besoin de travailler et même si je ne reconnais pas vraiment cette vérité, j'ai besoin d'être seule.

JE T'AIME...

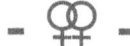

Je suis une amazone, à la fois douce et guerrière. Je suis une tendre qui aime la sueur d'une journée occupée à battre le fer... des...

Je suis fatiguée. Mon corps est usé.

J'aspire à la paix.
Je pense que la paix se cache. Et que je dois la chercher.

JE T'AIME...

- Son choix. -

Je dois dire que cette femme est une merveille. Il est impossible de connaitre cette femme et ne pas voir à quel point... elle est belle.

C'est une femme qui aime les épisodes, mais pas la lenteur. Elle aime l'énergie, les mains qui s'affairent et le sentiment que le projet touche à son but, avant de commencer. Elle aime l'efficacité.

Elle est si intelligente qu'elle refuse autre chose que l'humour tendre.

JE T'AIME...

- Son choix. -

Elle a en elle l'amour des grandes épopées.
C'est une femme qui aime l'amour comme personne.
Elle a rencontré.
Beaucoup d'hommes.

Elle a rencontré beaucoup de choix.

JE T'AIME...

- Son choix. -

Elle a rencontré l'amour dans une femme.
Elle aime.

Son épanouissement est celui d'une merveille qui se révèle à la vérité et je dois dire que la vérité a bien du mal à accepter la beauté d'une telle volonté.

Elle est en paix.

LIVRE 20

JE VAIS BIEN.

- ⊶ -

JE VAIS BIEN.

— ○↦ —

Je cours contre la montre, mais je sais que le temps est mon proche. Le temps est mon frère.
Le temps est tant pour moi que je ne peux pas dire à quel point..., je l'aime.

Je vis à la vitesse que mon corps permet, et parfois ma santé me force à prendre le temps. Je veux savourer chaque instant.

JE VAIS BIEN.

— ○↦ —

Mon parcours est celui du chaos et celui d'une structure que je ne perçois que rarement. Je me sens à ma place, entre chaos et structure. Le monde... me plait.

J'aime la communication, j'aime être au centre des enjeux de survie et j'aime l'urgence. Je suis un professionnel. J'aime que mes aptitudes soient aiguisées et je fais tout ce que je peux pour m'éprouver. Je suis fatigué.

JE VAIS BIEN.

- ⊙→ -

Mes colères sont explosives.
Mais je n'aime pas blesser.
Je suis à la fois craint et aimé, mais j'espère être plus aimé.

La musique est la paix. Je danse dans ma tête.

Ma tête explose de bonheur, chaque fois que j'entends que le succès est beau, sain. Je félicite dans ma tête, le succès.

JE VAIS BIEN.

— ⟳ —

J'ai un rapport très conflictuel avec l'amour, que je crains.
J'ai peur de m'affaisser, peur de m'effondrer.
Je tiens par l'exigence.
J'exige, j'exige beaucoup de moi et il est bien juste que j'exige autant. Je dois, JE DOIS, faire... mieux.

J'ai peur de l'amour.

JE VAIS BIEN.

— ⊙⇥ —

Je dois dire que je vais bien.
Je vais bien.

Je suis un peu fatigué, mais ça va.
J'ai mal. Mais je sais que ça va passer.
J'ai tellement mal que je pleure.

Mais je vais bien.

JE VAIS BIEN.

— ⊙↦ —

J'aime une femme.
Elle me le rend bien.
Nous nous aimons depuis quelques semaines et elle est bien.
Je fais attention.

Je le dis au temps...
Je fais attention.

JE VAIS BIEN.

- Son choix... -

Il va bien.
C'est un homme comme il y en a peu.
Un de ceux qui saisissent l'essence d'un instant, sans y penser, souvent en une fraction de seconde, et qui font de leur mieux pour rendre cet instant... aussi beau que possible.

JE VAIS BIEN.

- Son choix... -

Il trouve la paix dans la compréhension.
Chaque fois que son esprit s'illumine..., il rayonne d'une paix renouvelée.

C'est un homme comme il y en a peu.
Un chercheur de lumière.
Un être de lumière.

LIVRE 21

PRENDS SA MAIN…

- ⚥ -

PRENDS SA MAIN...

Il suffirait de donner un peu pour recevoir beaucoup, mais je ne crois pas aux minimums. Je crois qu'il faut donner beaucoup.

Je me demande parfois si je suis vraiment si con que je ne comprenne pas... que je donne trop. Que je ne reçois pas assez et que je m'épuise. Mais rien n'y fait.

Je suis comme je suis.

PRENDS SA MAIN...

Tu as intérêt à être bien avec moi, me dis-je, en m'adressant à cette beauté, sublime, sensuelle, qui rigole, en me fixant des yeux.

J'ai le coeur qui palpite.
Des papillons partout...
Je suis en train de tomber amoureux.
Con que je suis.

Je ne m'arrête pas. Je parle, je raconte, je blague et je dis mes grands dieux, mes grandes passions. Je suis sous les phares d'une berline qui va me défoncer, je le sais. Mais impossible de m'arrêter.

PRENDS SA MAIN...

Elle me prend la main.
J'aurais juré...
Je n'ai...
...
Mon coeur se tait.
Je serre doucement.

PRENDS SA MAIN...

Tout le reste se passe dans une sorte de transe. Aucun de nous deux ne pense à rien. Je ne me souviens pas de la conversation, ni s'il y en a eu une. Seulement d'une marche, du sentiment incroyable de paix et d'un baiser... tendre.

PRENDS SA MAIN...

- Je le sens..., c'est dans l'ère. -

J'hume l'ère du temps. Les odeurs sont suaves, épicées. Une bonne cuisine.

C'est dans l'air.

L'amour.

PRENDS SA MAIN...

- Je le sens..., c'est dans l'ère. -

Mon coeur est piqué.
Je regarde mes cartes; elles sont belles.
L'envie de jouer me prend et comme d'habitude je pense au plaisir des rires. Je pense à raconter une histoire, et aux sourires, entendus.

LIVRE 22

JE SAURAI.

JE SAURAI.

- Il serait juste de reconnaitre que c'est difficile. -

L'idée qui m'échappe sans cesse revient me narguer et je dois me calmer. Les larmes me viennent mais je les retiens, ce n'est pas le moment.

Les lumières sont éclatantes. Nous sommes dans un hall d'hôtel, luxueux, peut-être un peu trop. Je suis en t-shirt, jean déchiré et baskets usées. J'adore le décalage.

Je lui tiens la main, comme d'habitude. Nous ne sortons jamais sans nous tenir la main et même si ses mains sont sèches, la sensation est toujours la même. "Je suis dans les bras de mon amour et je suis heureuse que son coeur soit à moi. À MOI."

JE SAURAI.

- L'idée m'est chère. -

Nous allons vers une chambre qui n'est pas réservée. Le concierge de l'hôtel nous devance en silence.
Je ne suis pas nerveuse.
Sa main est dans la mienne; il regarde droit devant lui et ne sourit pas. Je l'observe un bref instant... en guettant un changement, mais il reste de marbre.
Étonnant.

La porte s'ouvre dans un petit chuintement, l'odeur et les lumières. Le luxe. Criant. Et un relent de discrétion. Ce qui se passe dans cet hôtel, dans ces chambres que l'on ne réserve jamais, reste dans l'hôtel. Le concierge nous sourit avec discrétion et ressort sans un seul mot.

Je pleure.

JE SAURAI.

- Joker. -

Nous nous embrassons et même si le moment est sexy, je m'écarte. Je le regarde avec l'intensité que je peux. Il ne dit rien.

Je commence à m'inquiéter.

Il ne dit rien, ne bouge pas. Il a les yeux dans le vague et je sens que ses pensées s'évadent. L'idée est sur le bout de mes lèvres.

"Je ne sais pas pourquoi je t'ai demandé cette chambre. J'ai le sentiment que quelque chose d'important doit arriver. Je ne sais pas quoi."

"Je t'aime."

Il me répond qu'il m'aime aussi, que ses sentiments pour moi sont d'une clarté aveuglante et qu'il avance sans se poser de question. Il reprend qu'il ne sait pas vraiment de quoi le temps est fait mais qu'il aimerait qu'il soit fait d'amour.

Je le prends dans mes bras.

JE SAURAI.

- Tranquille. -

Mon coeur s'apaise.
Je l'invite à s'assoir.

Je lui demande : "Quelle chose étais-tu capable de faire il y a cinq ans, que tu ne puisses plus faire aujourd'hui ?"

Il me regarde avec une trace d'humour, et je crois beaucoup d'émotion.
Il répond que le temps a passé vite, depuis notre rencontre. Il y a cinq ans, reprend-t-il sans hésiter, je ne pouvais pas dormir sans penser à la peine qui me couvrait de ses exigences. Aujourd'hui je peux dormir le coeur serein. Je te vois avant de m'endormir.

Je lui dis que sa réponse me comble.
"Il y a cinq ans, je hurlais en silence. Je crois que j'envisageais une issue de secours. Aujourd'hui je ne peux plus penser qu'à la vie. Tu es dans toutes mes pensées."

JE SAURAI.

- Humide. -

❗❗J'ai une autre question. Je t'en prie, joue le jeu..."

    Il m'embrasse.
Bien sûr, me dit-il.

"Si chaque humain naissait avec un avertissement attaché à son être, quel serait le tien ?".

Sa réponse tarde un peu. Il prend le temps.
Fais attention aux bibelots...
Ne casse pas le cristal du monde.
L'éléphant est important.
Le lion n'est pas ce que tu crois.
Les hiboux sont vrais.
Atlas n'en peut plus et la justice m'a éprouvé, mais je tiens à eux.
...

Je ne sais pas quoi lui répondre. J'attends qu'il reprenne, mais il ne dit plus rien. Son regard... se perd, avant de revenir tendrement. Ne pense pas que je suis un menteur. Je ne mens jamais.

JE SAURAI.

- Doucement. -

❝ Je ne pense que tu sois un menteur.
Je ne le pense pas."

"Je ne comprends pas ta réponse."

J'ai une vision du monde qui est une construction de ce que je veux qu'il devienne. Je veux garder cette vision. Elle me définit dans ce que je deviens.
L'éléphant se tient la trompe haute. C'est un symbole de profusion, d'abondance. Je veux une vie faite de l'abondance d'amour. Je ne veux jamais de violence.
...
J'aurai parfois besoin de m'habiller pour une lutte, difficile, une lutte qui me couterait un peu de joie, mais je ne voudrais repousser personne, surtout pas toi. Le lion n'est pas ce que l'on croit, il n'est pas... seul. Je t'aime plus que tout.

JE SAURAI.

- Avec toute ma tendresse. -

Il me faut un long moment avant de pouvoir lui répondre.
"Je ne veux pas de mal, mais je vis mal le doute. J'ai besoin de certitudes, même si je sais que les certitudes n'existent que dans les besoins irréels d'un déterminisme que je voudrais écrire de ma main. Je voudrais que la vie soit si bien écrite que le nom de demain soit toi.
Lorsque le doute me prend, je deviens une femme qui ne comprend plus sa raison d'être. Ne m'abandonne pas. Surtout, ne m'abandonne jamais. Je ne veux pas que tu me quittes."

Je lui fais signe d'attendre. Je reprends mon souffle.

"Je ne doute pas de toi. Je doute de l'existence. J'ai l'impression qu'une idée du chaos pèse sur la vie, et qu'elle sème ses désordres de manière aléatoire. Je ne comprends pas pourquoi certains matins, ma vision est noire, mais je comprends que ta présence chasse le chaos. Je ferai tout ce que je peux, je le jure, tout ce que je peux, pour que ton amour soit ma vérité. Je t'aime comme j'aime le livre de mes passions. Il n'y a que toi dans ce livre."

JE SAURAI.

- La chambre. -

❝J'ai voulu une chambre d'hôtel pour que tu sortes de ta zone de confort. Je voulais que tu sois un peu déstabilisé."

"La vérité n'est jamais aussi complète que quand l'être est déstabilisé."

Oui, me répond-t'il.
Je comprends.

On rentre ?
"Oui."

Il me souffle en sortant de la chambre qu'il me remercie et que l'idée était très... belle. À la frontière.

JE SAURAI.

- Chemin faisant... -

Nous rentrons à pieds.
J'écoute.

L'histoire de l'hôtel est vraiment touchante.
C'est une histoire faite de satin et de soie, une histoire triste et en même temps une histoire profondément exaltante.

"Il existe depuis longtemps ?"
Oui.
"..."
Il a été bâti par des immigrés. Première génération.
Peu importe les promoteurs, peu importe le propriétaire, l'hôtel existe parce que des hommes de valeurs ont eu le savoir-faire des bâtisseurs. Peu importe le luxe. Ce que je vois en rentrant dans ce hall, c'est le savoir-faire.

"Le hall est magnifique."
"..."
Oui.
Il doit y avoir une trentaine de corps de métier dans ce hall.

Il me sert la main. Je comprends qu'il me remercie. D'écouter.

Comment as-tu trouvé la chambre ? me demande-t'il.

"Un peu ostentatoire."
"Les rideaux sont trop lourds dans le décor."
"La salle de bain est magnifique."
"J'ai eu envie de toi dès qu'on est entré mais j'avoue que la chambre m'a refroidie. Impersonnelle. Elle repousse l'intimité."

J'ai eu le même sentiment.
Parfois, il faut repousser l'intimité pour faire ressortir la vérité.
C'était ton idée ?

"Oui."
"J'avais le sentiment que si j'engageais cette discussion chez nous, les mots ne sortiraient pas. En tout cas, je n'y serais pas arrivée."

...
Je t'aime.

JE SAURAI.

- La colère. -

Je l'ai senti en colère.
En sortant de la chambre, j'ai senti de la colère.
J'en ai eu mal au ventre.

La colère est passée dans l'ascenseur.

Il m'a proposée de rentrer à pieds et d'allonger un peu le chemin. J'ai accepté, un peu secouée. On a débouché dans la réception et j'ai ressenti ce hall comme une trahison, en me maudissant d'avoir monter ce scénario sans prévenir.

Il me fait confiance.
Il m'a fait confiance et le fait qu'une idée cachée, ou maquillée, ait pu le surprendre...
Je me dis qu'il ne supporte pas que sa confiance puisse être utilisée, même pour parler d'amour. Je me dis qu'une telle confiance ne doit jamais être mise en danger.

Je me répète que je ne dois jamais recommencer.
Il ne faut jamais brûler l'essence de l'amour.
La confiance.

JE SAURAI.

- Chemin faisant... -

T u as parlé d'issue de secours.
Avant de me rencontrer.
"Oui."

Tu veux en parler ?
"..."

"J'ai des pulsions.
...
Parfois."

"Je ne sais pas d'où ça vient.
Il m'arrive d'être assise et de me dire : PAN ! t'es...
Il m'arrive de me dire qu'il est temps d'y aller et que j'ai déjà trop trainé."

Même maintenant ?
"Oui."

...
J'aimerais que tu me dises quand ça t'arrive.
Si tu veux.

"D'accord."
Je tremble. Tout mon corps tremble.
"J'essaierai."

On a tellement besoin de paix. Reprend-t'il.
Il n'y a pas de doute dans mon esprit. Tu es cette paix.
L'idée de te perdre... n'est pas possible. Je ne supporterais pas.
Ce serait ma fin.
Je pense que tes pulsions sont passionnelles.

JE SAURAI.

- Les détours. -

"Je ne peux pas penser à te perdre non plus."
"..."
"On prend un détour ?"

Oui.

Nous marchons en silence.
Sa main transpire.
Il serre.

"Il m'arrive de ressentir du manque. Tu n'es pas là.
Tu penses à autre chose, tu es pris, tu es en train de travailler, tu vides... les tiroirs de ma pensée. Ton absence crée un vide."
"C'est un vide noir."

"Tu arrives comme si tu n'avais pas conscience de ce que ton absence a fait et je ne supporte pas... que tu ne comprennes pas.
Je le vis comme un déni."

"J'ai envie de te secouer."

JE SAURAI.

- La satisfaction de l'esprit. -

"Les pulsions me viennent comme une lassitude.
J'en ai marre de trembler. Me dis-je.
J'en ai marre de me demander si demain est amour.
Si nous serons encore ensemble ou si les rêveries t'emporteront."

"C'est plus fort que moi."

"..."
"Tu veux apprendre. Je le vois.
Tu veux apprendre à vivre et tu veux réapprendre à mieux vivre."
"..."
"Et si ce que tu apprends t'éloigne !?"

JE SAURAI.

- Un monde parfait. -

❞ J'ai ces pulsions depuis longtemps et il me semble injuste de te rendre responsable, mais tu es... tout pour moi. Tu es tout et malgré moi, je te rends responsable de tout."

"J'aimerais te dire tout mon amour, mais il n'y pas de mot qui dise… que tu es la réalité."

JE SAURAI.

- Le temps. -

La paix en amour, ce sont des détours qui prolongent le chemin.

JE SAURAI.

- Le temps. -

L e foyer doit toujours rester une zone de paix. C'est un fondement du couple. Le foyer est protégé.

Il est de bon ton de sortir, de prendre un chemin arboré, une avenue peuplée ou un parc habité par la joie, une chambre impersonnelle ou... un hall étranger, autour d'un café, pour parler de ce qui pèse sur le couple. Une discussion douce et sincère. Sans retenue. Les mots viennent plus facilement lorsque le sentiment qui les guide est impersonnel.

J'avoue aimer les surprises, mais ce n'est pas le cas de tous les hommes. Certains ne supportent pas les surprises. Marcher dénouent les tensions, libère l'esprit. Les sentiments s'atténuent rapidement et il est de bon ton de parler des choses qui pèsent sans emportement. Sans tensions.

JE SAURAI.

- Le premier et le dernier. -

Il m'arrive de me dire qu'être aveugle en amour serait une paix, mais c'est faux, bien sûr.

J'aime la nudité.
Du corps, et de l'esprit.

LIVRE 23

LES HEURES ENTRE NOUS.

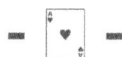

LES HEURES ENTRE NOUS.

L a journée ne vaut rien sans sexe.
Ma montre indique qu'il n'est pas de temps qui ne soit gaspillé, sans sexe.

Je ne suis pas obsédé, par le sexe. Ce serait un euphémisme.

Tout ce que je fais, tout ce que je dis et tout ce que je pense n'a qu'un seul but.

Le sexe.

LES HEURES ENTRE NOUS.

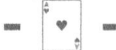

J e ne suis pas ce que vous croyez.
Je suis un pervers.
Et narcissique.

J'aime le sexe et j'aime ce que je suis.
Je dois dire... que je vous respecte.
Je ne suis pas une femme, mais je pense que la femme a été conçue pour la beauté.
Je suis un homme, et souvent je me dis que j'aurais aimé être une femme. J'aime plus les femmes, que je m'aime moi.

LES HEURES ENTRE NOUS.

Je ne mets personne sur un piédestal. Pas même moi.
Je considère que le pied par terre est plus sain.

Je ne retiens rien.
Je ne me retiens pas.
Je dis ce que je veux, je rigole quand je veux et je peux parler des heures sans fatiguer. Souvent de poésie.

Je peux parler des heures de ce qui fait l'intimité.
La psyché.

LES HEURES ENTRE NOUS.

— ♥ —

L e sujet est intarissable.
Mon métier ne vous dirait rien sur moi.
Je suis psychothérapeute.
Je ne suis pas coincé, je ne suis pas silencieux et j'aime plus parler qu'écouter. Je ne gribouille pas.

La théorie Freudienne me convient suffisamment. L'histoire est prédéterminante dans la construction de la psyché, l'être est animé par des pulsions antagonistes et chaque être fait parti d'un édifice social. La pulsion de vie est éros, celle de mort est thanatos.

Jung a décrété que quatre fonctions définissaient notre comportement : la pensée, le sentiment, l'émotion et l'intuition. Il a pensé à l'inconscient collectif comme à des éléments structurels de l'inconscient qui seraient partagés par la multitude. Une sorte de base sociale.

Mis bout à bout, Freud et Jung ont posé les bases fondamentales de la psychothérapie. Nous sommes des être sociaux qui partageons un inconscient fait d'un mélange de règles et de pulsions. Notre psyché est une beauté, obsédée. Par le plaisir.

L'émotion est une traduction du sentiment en langage corporel, tandis que la pensée construit le sentiment, sur la base de l'intuition. L'intuition est une construction du sentiment, de l'émotion et de la pensée à la frontière de la conscience. Notre vie sociale est toujours à la frontière entre le conscient et l'inconscient, le fruit d'un mélange entre ce qui est communément accepté et ce qui est en progrès.

LES HEURES ENTRE NOUS.

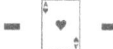

Je pourrais vous dire qu'il est normal d'être pervers, mais vous penseriez que je suis pervers. Et probablement un pervers narcissique. Seuls les pervers narcissiques parlent de perversion.
Seuls les pervers cautionnent la perversion.

Alors je dirai que le narcissisme est normal. La perversion... c'est un progrès.

LES HEURES ENTRE NOUS.

- Les heures. -

Entre nous, les idées qui s'élargissent sont un progrès. Admettre que la sexualité est une ouverture à une acceptation plus large des structures inconscientes de la psyché n'est pas aisé. Pas encore. Pourtant c'est vrai et il est bien vrai que nous voulons le plaisir. Notre structure sociale tend à se défendre des dangers que les ombres de notre psyché recèlent en elles. Si nous admettons que la compréhension de ces parts d'ombres est un progrès, nous réaliserons rapidement que toutes ces parts ne veulent qu'une seule chose : une sexualité épanouie dans une confiance inconditionnelle.

Autrement dit, l'amour.

LIVRE 24

LA POÉSIE DU MERLE.

- ☷ -

LA POÉSIE DU MERLE.

— ☰ —

Si je me penche suffisamment, que j'ouvre grand mes oreilles et que je fais abstraction du bruit ambiant, j'entends la poésie du merle.

Il chante.

Il parle de sa femme, de son territoire et de son nid.
...

Je me concentre.
Je ferme les yeux et je me concentre.
Mon corps fait un effort colossal et... dans un soupir d'aisance, je chie.

LA POÉSIE DU MERLE.

- ☰ -

Je me sens mieux.
Mes tuyaux, mes humeurs.

Je repense au merle, au chant.
Je me dis que mes tuyaux ont chanté et qu'il est bien heureux que je sache siffler. Autrement le voisinage aurait été inquiété.

Je me sens mieux. Plus de spasme.
Plus de douleur. J'ai chassé tout ce qui me pesait.

LA POÉSIE DU MERLE.

Je me sens vraiment fatigué. La tête est lourde et j'ai bien soif.
Je m'assois. Je ferme les yeux.

Les produits laitiers.
Me déglinguent.

LA POÉSIE DU MERLE.

- Mes jours, mes nuits. -

Je devrais dire que l'arrêt d'une consommation des produits laitiers m'a fait beaucoup de bien, je devrais le dire souvent.
Mes organes, mes muscles, mes gencives.
Je souris.

LIVRE 25

TOUT LE BIEN.

TOUT LE BIEN.

J'aimerais comprendre que tout le bien est dans les étaux qui verrouillent la réalité, hors de portée du mal, mais je sais que la réalité déborde.

Je voudrais croire que ce qui me tient est suffisant à faire de ma réalité un bien, mais je sais que la réalité déborde.

Je sais que la réalité ne suffit pas.
Il faut plus.

Je veux être plus que la réalité.

TOUT LE BIEN.

Je me réveille de bonheur, tous les jours.
Le sentiment est le même chaque matin, une sorte d'urgence, un besoin de choisir.

Je dois décider.

TOUT LE BIEN.

J e dois décider que le monde est différent et que cette différence est pour le mieux.
Je dois.

JE DOIS.
JE DOIS DÉCIDER.
SI JE NE DÉCIDE PAS, LE MONDE VA SE DÉTRUIRE.
L'urgence me prend aux tripes et je ressens que chaque matin est un matin important, un de ces matins où mes décisions vont changer le monde, un de ces matins où mes efforts... vont me soulager.

J'aimerais tant que le bonheur soit matinal.

TOUT LE BIEN.

Il m'arrive de penser que les légions du bonheur sont des pensées positives qui naissent des décisions de chacun.
Il m'arrive de le penser souvent.

Il m'arrive de me dire que j'en suis convaincu.
D'en avoir la certitude.
...

Mais le monde déborde. Le monde déborde et j'ai besoin.

De décider.
J'ai besoin de certitudes.

TOUT LE BIEN.

- Toute la volonté. -

Je reconnais la volonté lorsque je la vois.

La bonne volonté se voit sans doute. Elle porte sur ses épaules une charge qui ralentit son pas et cerne son visage. Il semblerait que le bonheur soit impossible lorsqu'il s'agit de progrès mais je sais, sans doute, que c'est faux.

Il est possible de se satisfaire de son mieux.
Il est possible de se satisfaire de ses efforts et d'admettre que soi a fait de son mieux.
Il faut se préserver.

LIVRE 26

LES ROUAGES.

- ✽ -

LES ROUAGES.

- Je te dirai. -

Il serait aléatoire de deviner le sens du vent, mais j'ai le sens.
Je peux donner du sens.

Après la catastrophe qui m'a value deux ans de dépression, j'ai cherché. Je me suis demandée si le dragon, si ce foutu dragon qui tient le monde dans ses griffes, m'en voulait personnellement.

Je suis arrivée à la conclusion que oui.

LES ROUAGES.

- La première fois. -

Je l'ai offensé.

J'ai craché, j'ai sifflé, sur ses bienfaits. J'ai renié sa générosité et j'ai pissé sur sa bonté.

Je l'ai offensé. J'ai offensé le bon sens.

LES ROUAGES.

- Les images. -

Le bon sens est un dragon...
Il me fait chier.
Il me fait chier ce putain de dragon.
J'en ai marre de ses merdes, marre de sa raison, marre de me faire chier.
Je veux être débile, je veux être folle et ne pas faire sens.

Je veux le tourbillon de la vie.
Je veux être emportée par le vent... et retomber sur mes jambes.

LES ROUAGES.

- Doux. -

La catastrophe m'a frappée comme une gifle.
Je pensais que ma vie était belle. Je pensais que j'étais une référence et que ma vie était à l'image de ma folie. La mort de ma mère a été une gifle.

Je pensais que la folie était belle et que je savais être folle. Je pensais être une référence. J'ai compris que sans ma mère le sol était mouvant. Et que je m'enfonçais.

LES ROUAGES.

- Le voyageur. -

Vivre sans fondation est impossible.
Elle était ma référence.
Je me suis écroulée. Le tourbillon m'a fait rendre mes tripes, j'ai dégueulé à en crever.
Mes jambes m'ont lâchée, ma nuque m'a insultée et je pense que mes seins ont cédé à la gravité.

J'ai fermé les stores.

LES ROUAGES.

- Dragon. -

Il était bien facile de tourbillonner, protégée par un dragon.
Depuis la catastrophe, je l'entends.
J'entends ma mère me parler dans le silence et me hurler le bon sens.

J'en ai marre.
J'en chie.

LES ROUAGES.

- Le sentiment. -

Je me répète continuellement que je la reverrai.
Je me répète qu'elle n'a pas disparu et qu'elle est ailleurs.
Je me répète qu'elle m'en a voulu et que j'ai été cette folle stupide qui a craché sur sa générosité.
Sur sa bonté.

Je me suis éloignée.
Je voulais le tourbillon de la vie et je voulais être libre de mes folies.

Je reconstruis les fondations de ma vie.
Je l'écoute. Maintenant.

LES ROUAGES.

- Subjectivité. -

Il existe dans le monde des êtres subjectifs. Ces êtres construisent autour d'eux une réalité qui n'est pas la vraie, mais qui n'est pas un mensonge non plus. Ils sont des subjectivités.

Parfois, ceux qui sont nés dans cette subjectivité ont besoin de voir le monde avec leurs propres sens.

Ils fuient, mais en réalité ce n'est pas une fuite.
C'est un besoin sain.

LES ROUAGES.

- Contraste. -

L oin de la subjectivité, il est possible de mettre des contrastes sur les tons. Mieux distinguer le blanc. Chercher son bien.

Et peut-être revenir.
Partager son expérience.
Et aimer de nouveau, fort d'une compréhension et d'une volonté saine.

Il est bien évident que la paix d'une famille dépend de cette offre que chaque parent devrait construire pour son enfant. Il faut offrir aux enfants la possibilité de devenir un dragon. Un dragon qui veuille prendre en main le monde.